Abra sua mente, abra sua vida

Abra sua mente, abra sua vida

UM PEQUENO LIVRO DE SABEDORIA ORIENTAL

TARO GOLD

SEXTANTE

Título original: *Open Your Mind, Open Your Life*

tradução
Iva Sofia Gonçalves Lima
preparo de originais
Valéria Inez Prest
revisão
Sérgio Bellinello Soares
capa
Miriam Lerner
projeto gráfico e diagramação
Valéria Facchini de Mendonça
fotolitos
RR Donnelley Mergulhar
impressão e acabamento
Yangraf Gráfica e Editora Ltda.

CIP-BRASIL. CATALOGAÇÃO-NA-FONTE
SINDICATO NACIONAL DOS EDITORES DE LIVROS, RJ.

G563a Gold, Taro
Abra sua mente, abra sua vida
/ Taro Gold ; tradução Iva Sofia Gonçalves Lima.
– Rio de Janeiro : Sextante, 2004.
il.

Tradução de: Open your mind, open your life
ISBN 85-7542-129-8

1. Filosofia oriental.
I. Título.

04-1494. CDD 181
CDU 1(5)

Editora Sextante (GMT Editores Ltda.)
Rua Voluntários da Pátria, 45 – Gr. 1.404 – Botafogo
22270-000 – Rio de Janeiro – RJ
Tel.: (21) 2286-9944 – Fax: (21) 2286-9244
Central de Atendimento: 0800-22-6306
E-mail: atendimento@esextante.com.br
www.esextante.com.br

Com o mais profundo
agradecimento ao
Dr. Daisaku Ikeda
por me mostrar
como viver uma
vida aberta.

INTRODUÇÃO

O PENSAMENTO CRIA A REALIDADE...

Tudo o que a humanidade criou até agora começou com um pensamento. O lugar em que você mora, as roupas que usa e o papel em que essas palavras estão escritas foram, um dia, apenas pensamentos na mente de alguém. Sua decisão de ler este livro também começou com um pensamento.

A FELICIDADE MOLDA O PENSAMENTO...

Tudo em que pensamos é baseado na nossa felicidade ou na falta dela. Embora as definições de felicidade variem muito, todos nós queremos ser felizes. Nos primeiros anos da vida, buscamos a felicidade no meio da família, dos amigos e até dos brinquedos. Mais tarde, esperamos encontrá-la na religião, no dinheiro, no sexo, no álcool, na educação, no casamento... Todos sabemos onde fomos procurá-la. Mas será que encontramos o que procurávamos?

A ABERTURA REVELA A FELICIDADE...

A verdadeira felicidade, ou iluminação, já está dentro de nós; temos apenas que revelá-la. Assim como a água da fonte irrompe pela terra aberta, também a felicidade flui através de vidas abertas. A questão é como tornar nossa vida receptiva a essa alegria inata. As páginas seguintes contêm respostas a essa pergunta, pensamento a pensamento, sob uma perspectiva oriental. Muitas delas podem ser novas para você, algumas talvez sejam vistas como senso comum (que não é assim tão comum) e outras são verdades universais, que não pertencem só ao Oriente. Possa cada uma delas conduzi-lo à felicidade duradoura e a modos de pensar que realmente abram sua vida.

Nunca procure pela felicidade
fora de você mesmo.

~

A vida não é sobre o que nos acontece;
ela diz respeito a como percebemos
o que nos acontece.

~

Domine seu passado no presente
ou o passado vai dominar seu futuro.

Concentre-se no que há de positivo em sua vida, pois aquilo em que você se concentra multiplica-se.

A busca da verdade atrai críticas.

Tudo de que você precisa para quebrar os ciclos doentios de comportamento está dentro de você.

Recuse-se a se abaixar ao nível do seu antagonista.

As escolhas que fazemos em pensamentos, palavras e ações inevitavelmente retornam para nós com as mesmas características.

Aqueles que não fizeram a pergunta não estão prontos para aceitar a resposta..

Remova os laços emocionais internos que fazem você se sentir atraído por situações dolorosas.

Nunca permita que as
dificuldades perturbem você.
Afinal de contas,
ninguém consegue
evitar os problemas,
nem mesmo
os santos e os sábios.

— NICHIREN

Livre-se da raiva – ela é um ácido
que corrói as delicadas camadas
da sua felicidade.

Mantenha a compostura
sob qualquer circunstância.

Viva sem causar decepções.

Procure entender seus erros
para que nunca mais venha
a repeti-los.

Tudo o que as pessoas dizem
ou fazem tem como fundamento
a crença de que suas atitudes
vão conduzi-las à felicidade.

A pessoa que confessa a própria
ignorância a revela uma vez;
quem a disfarça a mostra muitas vezes.

— PROVÉRBIO JAPONÊS

Faça alguma coisa hoje para
melhorar a vida de alguém.

A pessoa mais sensata entre nós muitas vezes é aquela que tem menos a dizer.

A flor de lótus floresce mais lindamente na lama profunda e espessa.

Procurar a felicidade duradoura fora de você não faz o menor sentido. É como pensar que vai entrar em forma apenas vendo os outros se exercitar.

Livre-se do apego aos resultados.

Se você quiser um ano de
prosperidade, plante milho.
Se quiser dez anos de
prosperidade, plante árvores.
Se quiser cem anos de
prosperidade, eduque o povo.

— PROVÉRBIO CHINÊS

Fortaleça-se.

É fácil ser a pessoa que você sempre foi, porque isso não requer nenhuma mudança, nenhuma auto-reflexão e nenhum crescimento. Talvez você pense que mudar significa abrir mão de algumas coisas. Na verdade, não é preciso abrir mão de nada – basta acrescentar ao que já existe.

Embora as chamas da inveja sejam dirigidas às outras pessoas, é o invejoso que é consumido pelo fogo.

Quanto mais esclarecedor
o ensinamento, mais difícil
é acreditar nele e ainda mais
difícil é colocá-lo em prática.

Um coração compreensivo
sempre atrai mais coisas do
que ele é capaz de compreender.

Em vez de desafiar seus inimigos,
procure transformá-los em aliados.

Desenvolva uma crença profunda na lei universal da causa e efeito: a firme convicção de que somos nós, em última análise, que dirigimos nossa vida.

Assim como não somos capazes de ver nosso rosto se não olharmos no espelho, não podemos nos conhecer se não olharmos para nossos relacionamentos.

A água corrente nunca apodrece.

— PROVÉRBIO CHINÊS

Nosso passado e nosso futuro
existem simultaneamente
em nosso presente.

A não-violência é a maior das virtudes, a covardia, o maior dos defeitos; a não-violência brota do amor, a covardia nasce do ódio.

— MAHATMA GANDHI

A verdade tem o poder de dissipar a escuridão da ignorância, assim como uma vela tem o poder de iluminar uma caverna que está na escuridão há milhões de anos.

Nossas ações são, ao mesmo tempo, o resultado do carma do passado e a criação do novo carma. A ação produz memória e a memória gera desejo. O desejo leva a uma ação posterior, que dá continuidade ao ciclo do carma. Estar consciente dessa realidade e controlar nossas ações são as chaves para criar o carma da felicidade.

Um grande mentor é quem faz as capacidades dos outros superarem as suas próprias.

No pensamento, atenha-se
ao que é simples.
No conflito, seja justo e generoso.
No governo, não tente controlar.
No trabalho, faça aquilo de que gosta.
Na vida familiar,
esteja inteiramente presente.

— LAO-TZU

Fama, riqueza material e status social
não garantem a felicidade; na verdade,
freqüentemente a retardam.

Até certo ponto, as pessoas com quem você escolhe se associar influenciam o rumo da sua vida.

Quando você não consegue levantar alguma coisa, pode pensar que isso acontece porque ela é muito pesada, mas talvez seja você que esteja muito fraco.

Caia sete vezes, erga-se oito.

— PROVÉRBIO JAPONÊS

Esforce-se ao máximo para compreender
aquilo que você mais teme.

O conhecimento vem de fora,
a sabedoria vem de dentro.

Como lhe pareceriam suas frustrações
atuais se observadas da privilegiada
posição dos últimos dias da sua vida?

A iluminação, ou a verdadeira felicidade, não é um estado transcendental. É uma situação de imensa sabedoria, de energia ilimitada e de felicidade, em que cada um traça o próprio destino, encontra satisfação nas atividades diárias e passa a entender o propósito máximo da vida.

— JOSEI TODA

Aceite os elogios e acredite neles tão prontamente quanto você aceitaria as críticas.

Você é aquilo que acredita ser.

Quando o aluno está pronto,
o professor aparece.

— JOSEI TODA

Pensamos e nos comportamos dentro dos limites das nossas crenças. Portanto, a chave para preenchermos todo o nosso potencial, que não tem limites, é dominarmos nossas crenças para controlarmos nossa mente.

A idéia de que vida e morte são coisas separadas é o raciocínio ilusório e distorcido dos sonhos. Se, quando bem acordados, examinarmos nossa verdadeira natureza, não vamos encontrar nenhum começo que requeira o nascimento e nenhum fim que exija a morte. O que encontraremos é a essência da vida, que não pode ser consumida pelas chamas apocalípticas, nem devastada por inundações, nem cortada pela espada, nem transpassada por uma flecha. Ela nem é tão grande para penetrar na semente de uma flor, sem que a semente cresça, nem é tão pequena para preencher todo o universo, sem que ele encolha.

— NICHIREN

Não tenha medo de pessoas perversas. O que você deve temer são os amigos perversos. Por quê? Porque as pessoas perversas podem destruir seu corpo, mas não conseguem destruir sua mente. Um amigo perverso pode destruir os dois.

Muitas vezes a melhor maneira de lutar é simplesmente não lutar.

Todas as coisas estão sujeitas à lei da causa e efeito.

Lembre-se de suas dívidas
de gratidão.

A vida surge em todo o universo sempre que as condições são favoráveis, tal qual as ondas que se levantam no oceano quando o vento sopra. Assim como uma onda é simplesmente uma expressão isolada do imenso oceano, também nós somos manifestações da imensa vida do universo.

Preocupe-se mais com seu modo de viver do que com a duração da sua vida.

Quando encontrar uma pessoa
superior a você, dirija
seus pensamentos para
se transformar em alguém
igual a ela.
Quando encontrar alguém
inferior, olhe para dentro de
você e examine seu próprio eu.

— CONFÚCIO

Para mudarmos nossa vida,
primeiro precisamos transformar
nossa mente.

As pessoas se iludem com
a crença de que a chave para
a felicidade está em melhorar
o que está fora delas. Na verdade,
a chave está no interior
de cada um de nós.

Torne-se um mestre das palavras.

Você pode fazer do lugar em que
está agora o seu paraíso.

Livre-se de tudo o que
está detendo você.

Uma pessoa que escreve à noite
pode apagar a luz, mas as palavras
que ela escreveu vão permanecer.
O mesmo acontece com o destino
que traçamos para nós
neste mundo.

— SHĀKYAMUNI

Não há nada mais precioso
do que a própria vida.

Todas as respostas já estão
nas nossas ações.

A verdadeira natureza da vida
humana existe em toda parte,
num mesmo momento, por todo
tempo e espaço, porque a natureza
da nossa vida é a natureza
do próprio universo.

Quanto mais você se aproxima
do farol, mais escuro fica.

— PROVÉRBIO JAPONÊS

Assim como os dois lados da moeda são diferentes, ainda que inseparáveis, a vida tem uma dimensão física e tangível e outra espiritual e intangível. Podemos distinguir entre corpo e mente, mas, em um nível mais profundo, os dois são indissociáveis.

A desgraça surge da boca da pessoa e a destrói, mas a boa sorte surge da mente e a torna digna de respeito.

— NICHIREN

A felicidade duradoura move-se
a passo de lesma.

Nunca existiu, nem jamais existirá, uma vida livre de problemas. Não é a existência de problemas, mas o modo pelo qual lidamos com eles que determina a qualidade da nossa vida.

Seu sonho é possível.

Existem quatro fatores principais para se alcançar um propósito:

(1) o *objetivo*, que é o próprio fim;

(2) *você*, que é a pessoa empenhada em conquistá-lo;

(3) as *ações*, que são os esforços empreendidos para atingi-lo;

(4) o *posicionamento*, que é a sua situação quanto ao êxito.

Desses quatro, os mais importantes são *você* e seu *objetivo*. Por exemplo, se sua auto-imagem e seus objetivos não combinam, se você não acredita que mereça conquistá-los, isso de fato não acontecerá, não importa as ações realizadas. Entretanto, quando você crê que merece alcançá-los, até mesmo os mais simples atos vão produzir grandes resultados.

O tolo que reconhece
sua tolice
é sábio exatamente
por essa razão.
O tolo que se presume sábio
é o maior de todos os tolos.

— SHĀKYAMUNI

O traço característico da verdadeira compaixão é que tanto a pessoa que dá quanto a que recebe necessitam igualmente uma da outra para o crescimento pessoal de ambas.

De todas as estratégias, saber a hora de parar talvez seja a melhor delas.

— PROVÉRBIO CHINÊS

Todos os grandes mestres, em qualquer empreitada da vida, tiveram, no começo, um excelente mentor.

Não há nada que possamos dizer ou fazer para mudar alguém. As pessoas só mudam quando estão prontas para isso. Só temos o poder de modificar a nós mesmos. Entretanto, quando mudamos, muitas vezes percebemos que a transformação desejada nos outros também acontece.

A verdadeira missão da religião é ajudar as pessoas a manifestarem o poder que se encontra dentro delas, para que sejam capazes de superar as dificuldades e ser felizes.

Seu comportamento é importante
quando as pessoas estão
observando você. Contudo,
é quando não há ninguém
o observando que seu
comportamento se torna muito
mais importante, porque ele revela
seu verdadeiro caráter.

Todos os grandes mestres,
em qualquer empreitada da vida,
tiveram, no começo,
um excelente mentor.

Esforce-se em aprender
com as pessoas nobres.

O universo é a própria vida. Ao morrermos, nossa vida volta a fundir-se na grande vida do universo e não está em lugar nenhum onde possa ser encontrada, no que muito se parece com o intervalo do sono, quando nossa mente vai, aparentemente, para lugar nenhum. Assim como, ao acordarmos, resumimos as atividades mentais que realizamos no dia anterior, também nascemos com um carma de vidas anteriores. Nesse sentido, da mesma forma como dormimos e acordamos, nascemos e morremos, mantendo um ciclo eterno de vida.

— JOSEI TODA

Aquele que conhece o outro é sábio;
aquele que conhece a si mesmo
é iluminado.

— LAO-TZU

Ninguém pode lhe dar habilidades. Por exemplo, um atleta olímpico trabalha com um treinador para desenvolver suas capacidades, mas o treinador apenas ajuda a exteriorizar o que já estava lá o tempo todo. Do mesmo modo, ninguém pode lhe dar felicidade. No máximo, os outros ajudam a manifestar a alegria que já existia em você desde o começo.

Quem mantém um propósito definido na vida se fortalece com a adversidade.

Quando um pássaro engaiolado canta, os que estão voando no céu se sentem convidados e se reúnem em volta dele, e, quando eles se juntam, o que está na gaiola luta para se libertar.

— NICHIREN

Sabedoria, coragem e compaixão –
três elementos essenciais
para uma vida nobre.

Espere sempre o melhor e esteja
preparado para o pior.

Enganar-se não tem a menor
importância, a não ser que você
continue se lembrando do assunto.

– CONFÚCIO

Reserve um tempo, todos os dias,
para refletir sobre você mesmo.

Viva suavemente sobre a Terra.

— TSUNESABURO MAKIGUCHI

O caminho mais correto é aquele dedicado a uma grande causa.

A ignorância gera o medo.

A mente é uma força
poderosa e misteriosa.
Ela pode melhorar o pior
e piorar o melhor.

As aparências exteriores não são
importantes – o que importa,
de verdade, é o seu coração.

Os avanços científicos e
tecnológicos usados contra
o maior bem da humanidade
refletem uma sociedade
na qual a tecnologia
sobrepujou a espiritualidade.

Seja um aliado daqueles
que sofrem.

Educação gera confiança.
Confiança gera esperança.
Esperança gera paz.

Uma pessoa verdadeiramente
sábia não se deixará levar
por nenhum dos oito ventos:
prosperidade, decadência,
desgraça, honrarias, elogios,
censura, sofrimento e prazer.

— NICHIREN

Podemos testar muitos caminhos
para nos livrar da escuridão,
mas nenhum é tão eficiente quanto
simplesmente aumentar a luz.

O professor pode lhe abrir
a porta, mas você tem que
entrar por si mesmo.

— PROVÉRBIO CHINÊS

Uma vida dinâmica é uma
luta permanente contra
a complacência.

O sutra de lótus, o ensinamento milenar que afirma que todas as pessoas têm a iluminação dentro de si e são essencialmente iguais, é um preceito radical. Se não fosse, a discriminação racial, sexual e etária, assim como a violência, o terrorismo e a guerra, não existiriam.

Quanto mais alta a posição de um líder nos campos político, religioso ou outro qualquer, mais humilde ele deve se ser.

É muito mais fácil falar sobre
o que é justo e certo do que
fazer o que é justo e certo.

Todas as coisas, incluindo as pessoas, existem somente por meio dos seus relacionamentos com outras coisas e pessoas. Nada existe isoladamente ou é absolutamente independente. Nenhuma pessoa ou coisa pode surgir por vontade própria.
Tudo é inter-relacionado.

Aja sempre movido
por um impulso generoso.

O coração é o que mais importa. Um sutra conta a história de um menino chamado Doji, que não possuía nada para oferecer ao Buda, exceto uma tortinha de barro. Outros o haviam presenteado com ouro e pedras preciosas, mas não tinham sinceridade no coração. Como o Buda inspirava grande respeito e como o coração de Doji era sincero, uma simples tortinha de barro transformou-se numa oferenda de tal grandeza que o menino renasceu mais tarde como o rei Ashoka.

Há sempre um pouco de felicidade na infelicidade.

— PROVÉRBIO JAPONÊS

Concentre-se menos no tratamento dos sintomas; procure eliminar a causa.

Viaje para o estrangeiro.

O ódio jamais se dissipa com o ódio.
Só a compaixão termina com ele.

— SHĀKYAMUNI

Seus sonhos e esperanças são muito mais poderosos do que suas dúvidas e medos.

O sofrimento surge
essencialmente da ilusão.

Use o poder da imaginação
diariamente.

Os esforços feitos com pressa e
facilidade raramente perduram.

Julgue suas ações pelo valor
que elas criam.

Os seres humanos não podem
produzir a matéria. Entretanto,
são capazes de criar valor,
o que é, de fato, próprio
da nossa humanidade.
Quando elogiamos as pessoas
por sua força de caráter, estamos,
na verdade, reconhecendo
a habilidade delas
para gerar valor.

— TSUNESABURO MAKIGUCHI

Ninguém tem o direito de causar
sofrimento aos outros.

Não confunda o tamanho da fama de uma pessoa com o tamanho do caráter dela.

É comum vermos as pessoas como vemos a nós mesmos. Quem é flagrado em trapaças e artimanhas tende a desconfiar até mesmo de atitudes bem-intencionadas. Uma pessoa íntegra, ao contrário, tende a confiar que os outros são iguais a ela, até mesmo quando não são.

Tente viver sem se deixar tolher por experiências passadas.

Quem tem medo de analisar o
passado não consegue ver o futuro.

Em todos os assuntos da vida,
a cada momento,
temos uma escolha.

O aparecimento de uma idéia
na sua mente e o nascimento
de uma estrela celeste no espaço
distante são dois acontecimentos
que surgem do mesmo campo
de energia cósmica
que não vemos.

As circunstâncias favoráveis podem ser agradáveis, mas é raro que fortaleçam o caráter de alguém.

Quanto maior a pessoa, maior a adversidade que ela superou.

— CHANG-AN

Enquanto o preconceito existir, espere que a justiça seja exceção em vez de regra.

A não-violência exige
muito mais coragem do que a violência.

— MAHATMA GANDHI

Existem três tipos de leis:
as leis sociais e morais,
ou do comportamento culturalmente
aceito; as leis civis e criminais,
ou do comportamento legalmente
aceito; e a lei universal,
ou da causa e efeito.
Podemos evitar as conseqüências
por transgredir as duas primeiras,
mas jamais a terceira.

Havia num circo um filhote de elefante que não conseguia libertar-se da corrente que o prendia pela pata, embora tentasse muito.
Um dia, ele desistiu de tentar.
Anos depois, ainda tinha aquela correntinha em volta da pata.
Embora fosse forte o suficiente para se libertar, há muito já havia aceitado, em sua mente, que não conseguiria.
As correntes emocionais, afinal, são as mais difíceis de quebrar.

A natureza, em todas as suas funções, é extraordinariamente plena de intenções. Como é possível então imaginar que alguém nasça neste mundo sem um propósito?

Não há nada mais traiçoeiro do que o falso saber.

Assim como a água esculpe a pedra, aqueles que perseveram vencem.

*Q*uando você não tiver certeza
do caráter de uma pessoa,
veja quem são os amigos dela.

— PROVÉRBIO JAPONÊS

*N*ascimento e morte, aparecimento
e desaparecimento, ganhos e perdas,
existência e extinção – todos são
processos essenciais e eternos.

As pessoas tornam-se
aquilo que esperam se tornar.

— MAHATMA GANDHI

Nossas opiniões, atitudes
e percepções são falseadas por
lembranças de experiências
passadas que formam nossos
preconceitos e predisposições.
O ponto de vista
que temos no momento, portanto,
é simplesmente um reflexo da
nossa memória em contínua
transformação.

Tz'u-en ensinou que as atitudes negativas nascem e uma ou mais das 14 categorias seguintes:

(1) arrogância
(2) negligência
(3) visão egocêntrica
(4) visão superficial
(5) apego aos desejos mundanos
(6) falta de espírito explorador
(7) dificuldade de acreditar na lei da causa e efeito
(8) aversões
(9) dúvida ilusória da verdade
(10) difamação
(11) desdém
(12) ódio
(13) inveja
(14) rancor.

O que mais nos irrita nos outros é, quase sempre, aquilo de que menos gostamos em nós.

Analise os acontecimentos em sua vida para identificar os padrões.

Você é quem cria suas lembranças e experiências, e não ao contrário.

Não dê aos outros o que eles não desejam.

— PROVÉRBIO JAPONÊS

Nada existe inteiramente sozinho; uma coisa existe em relação a outra. Onde existe luz existe sombra;
onde existe nascimento existe morte;
onde existe o aberto existe o fechado;
onde existe uma pessoa existe outra.
Pelo mesmo raciocínio, onde há tristeza há alegria;
onde há ilusão há iluminação.

Houve uma mulher que perdeu o filho por causa de uma doença. Desesperada de dor, ela vagou pela cidade implorando por um remédio que o trouxesse de volta à vida. Quando chegou até Buda, ouviu que receberia o remédio que tanto procurava. Buda pediu que ela lhe desse uma papoula de uma casa onde ninguém tivesse perdido um ente querido. Em sua busca, a mulher constatou que não existia sequer um lar em que as pessoas não tivessem perdido alguém. Percebeu então que a morte é um fato da vida e que ela não estava sozinha em sua dor. Assim, Buda despertou o bom senso da mulher, restaurando a paz em seu coração.

O processo da aprendizagem
é muitas vezes mais importante
do que o conhecimento
que está sendo aprendido.

Mudar para melhor exige esforço.
Mudar para pior nada requer.

Se a essência de algo não é correta,
de nada vale rezar
para o que está fora dele.

— PROVÉRBIO JAPONÊS

Torne-se o revisor
da sua própria história.
Volte lá nos cantos da memória
e encontre coragem para rever os
acontecimentos – só que agora com a
nítida visão de um retrospecto.
Dê a si mesmo as respostas
que não obteve na época,
aprenda o que não conseguiu aprender
e admita que você e as outras pessoas
tenham se enganado.
Então, livre-se de tudo.
Ao fazer isso, você vai experimentar
uma sensação de infinita
e gloriosa liberdade.

Aquele que vive a vida com paixão
é como uma fogueira ardente
e brilhante. Um fogo pequeno
e fraquinho pode ser facilmente
apagado por uma lufada de vento,
mas um fogo grande e luminoso vai
crescer cada vez mais se o vento
soprar forte. Do mesmo modo,
quanto mais obstáculos uma pessoa
apaixonada pela vida enfrenta, mais
forte e radiante ela cresce.

Confundir valores subjetivos com
verdade objetiva não dá bons resultados.

Mostre coragem para abandonar o superficial e buscar o profundo.

~

Todos os fenômenos, até mesmo a rocha mais sólida, são transitórios.

~

Lembre-se de que às vezes *não* conseguir o que você deseja é o melhor que pode lhe acontecer.

~

As pessoas sábias nunca se fiam apenas nas lembranças de suas experiências passadas.

Uma pessoa infeliz e outra feliz
têm percepções diferentes das mesmas
circunstâncias. A diferença não está
nas circunstâncias, mas nos dois modos
de ver a vida.

Adivinhar é barato;
adivinhar errado custa caro.

— PROVÉRBIO CHINÊS

A natureza não se engana.

Livre-se do ódio – as pessoas consumidas por esse sentimento com freqüência se tornam exatamente aquilo que um dia odiaram.

Ouça mais do que fale.

Os piores dilemas são muitas vezes as melhores oportunidades disfarçadas.

Quando estiver discutindo, lembre-se de que você e o ponto ao qual está tentando chegar são duas coisas distintas.

Conheça a diferença entre instinto
e hábito. Confie em seus instintos,
questione seus hábitos.

Tudo o que existe surge da mente:
está baseado na mente,
está modelado pela mente.

— SHĀKYAMUNI

É melhor viver uma semana
de integridade do que dez anos
de trapaças.

Acostume-se a colocar de lado
seus sentimentos e julgamentos
quando ouvir os outros.
Tente entender o assunto
do ponto de vista deles.

Palavras verdadeiras muitas vezes
não são bonitas, assim como
palavras bonitas muitas vezes
não são verdadeiras.

— PROVÉRBIO JAPONÊS

Desfrutar a viagem é até mesmo
melhor do que chegar ao destino.

Existem três tipos de causas: pensamentos, palavras e ações. Das três, o pensamento é o mais poderoso, porque é dele que nascem as palavras e ações.

Enquanto não aprendermos as lições contidas nos acontecimentos desagradáveis, eles vão continuar a exercer poder sobre nós e nos sentiremos compelidos a repeti-los.

Lembre-se de quem você sabia que era quando criança.

Quando estamos aborrecidos, é fácil culpar os outros. Entretanto, a verdadeira causa dos nossos sentimentos está dentro de nós. Por exemplo, imagine-se como um copo d'água. Agora, imagine que os fatos negativos do passado formam uma sujeira que se deposita no fundo do copo. A seguir, pense nos outros como colheres. Quando alguém se mexe, a sujeira deixa a água turva. Pode parecer que foi a colher que fez isso – mas, se não houvesse a sujeira, a água permaneceria transparente, apesar de tudo. A chave, portanto, é localizar sua sujeira e trabalhar ativamente para removê-la.

Um mestre da experiência
interior é um mestre da vida.

Esforce-se em conquistar aquilo
que você acha que não consegue,
pois é no caminho em direção
ao sonho impossível que você
encontrará o que realmente busca.

Assim como a água da fonte
irrompe pela terra aberta,
também a felicidade flui
através de uma vida aberta.

Só *você* pode fazer você feliz.

Os tesouros da fortuna são bons.
Os tesouros da saúde são melhores.
Os tesouros do coração são o máximo.

A intuição transcende
as limitações da razão.

Aja de acordo com seus pensamentos.

Todas as pessoas, naturalmente, temem a infelicidade e aspiram à felicidade; mas, se examinarmos cuidadosamente a diferença entre as duas, a infelicidade muitas vezes se apresenta como felicidade e a felicidade como infelicidade. Assim, o sábio nunca fica excessivamente entusiasmado com a aparente felicidade nem excessivamente aborrecido com a aparente infelicidade.

O inverno sempre se transforma em primavera.

— NICHIREN

Até mesmo a maior
das estratégias é inútil
nas mãos de um covarde.

Muita gente abraça grandes
filosofias e as prega por todos os
lugares; apesar disso, vive
transgredindo seus princípios.

Tenha cuidado com os ventos da
fama e da fortuna. Embora
proveitosos, se não forem
controlados, eles podem acabar
com a chama da sabedoria.

Há um pássaro que vive bem no alto das montanhas nevadas. Torturado pelo frio inclemente da noite, ele diz chorando que vai construir um ninho aconchegante na manhã seguinte. Mas, depois que amanhece, dorme o dia todo, aquecido pelo calor do sol. E assim continua a chorar em vão por toda a vida. As pessoas muitas vezes agem da mesma forma, lamentando o que lhes acontece, embora deixem passar todas as oportunidades para mudar.

Confie em você mesmo.

As pessoas de caráter elevado
portam-se com dignidade,
mesmo em tempos de crise
ou de desespero –
nunca reclamam,
nunca entram em pânico
e nunca perdem a esperança,
até mesmo sob as condições
mais difíceis.

De acordo com a realidade fundamental do universo, não há nada que possa ser rotulado de "meu".

Mantenha uma árvore bem viva no coração e talvez um pássaro cantador apareça.

— PROVÉRBIO CHINÊS

Sonhe mais com o que você pode se tornar do que com o que você pode obter.

A vida é tão passageira quanto o orvalho da manhã.

Quando bandidos importunam um rei, este precisa saber onde eles estão antes de poder atacá-los. Do mesmo modo, quando perseguidos por paixões inquietantes, devemos primeiro nos certificar de onde elas vêm.

As nuvens podem encobrir a lua, mas não podem mudá-la ou transformar sua natureza intrínseca. Do mesmo modo, a mente é freqüentemente encoberta por ilusões, embora a mente verdadeira, que é nossa essência real, permaneça inalterada.

Quando entramos numa casa,
vemos primeiro o interior e só
depois olhamos pela janela.
De maneira semelhante,
os olhos da mente não conseguem
perceber corretamente o exterior
antes de conhecerem o interior.

Tanto a água quanto o óleo tomam a forma redonda em vasilhas redondas e a forma quadrada em recipientes quadrados. Nenhum dos dois possui um feitio interno ou peculiar. Essa verdade também se aplica ao bem e ao mal. As ações boas e as más podem ser idênticas na forma, mas o sábio consegue perceber a diferença.

Torne-se o dono da sua mente.

Nunca comprometa seus sonhos.

— PROVÉRBIO CHINÊS

Não é possível ser justo em um setor da vida e, ao mesmo tempo, injusto em outro. A vida é um todo indivisível.

— MAHATMA GANDHI

A cobiça surge de uma percepção incorreta dos verdadeiros desejos.

As chamas do desejo humano
queimam indefinidamente.
Tentar extingui-las é como tentar
matar a sede com água salgada.
Em vez de eliminar os desejos,
devemos procurar transformá-los.

Uma mudança profunda
raramente é fácil.

— PROVÉRBIO CHINÊS

As pessoas deveriam nutrir
as características positivas
umas das outras e ajudar-se
por suas características negativas.

De desejos doentios resultam ações doentias; de ações doentias resultam experiências doentias – é como uma roda girando indefinidamente, e precisamos aprender a fazê-la parar.

Algumas pessoas sofrem tanto com a riqueza quanto outras com a pobreza.

Faça mais do que o esperado.

Esconder os defeitos
e ao mesmo tempo
exaltar as virtudes
significa arrogância.

— MIAO-LO

Estar sempre na defensiva é o resultado da falta de confiança em si mesmo.

A maioria das pessoas passa seu tempo esperando por resultados, mas não faz nenhum esforço para conquistá-los.

Jamais se compare aos outros.

Os sábios são sensíveis ao certo e ao errado; interrompem o que estão fazendo assim que vêem que estão equivocados e apreciam os que os alertam quando isso acontece.

A maior oportunidade do mundo é a oportunidade para o aperfeiçoamento.

— PROVÉRBIO JAPONÊS

Um homem chegou a uma grande
praia para onde centenas
de estrelas-do-mar tinham sido levadas
por uma forte tempestade.
Viu um menino, com as mãos em
concha, pegar uma a uma as estrelas
e devolvê-las ao mar delicadamente.
O homem perguntou ao menino:
– De que adianta isso? Você nunca
vai conseguir salvar todas elas.
O menino sorriu e respondeu:
– Adianta para aquelas que eu salvar.

Um grande bem muitas vezes nasce
de um pequeno ato de bondade.

As maiores fortunas são tesouros
espirituais imperceptíveis,
como o amor-próprio, a esperança,
a sabedoria e a compaixão; sem eles,
a riqueza visível é,
na melhor das hipóteses,
insignificante.

É fácil proteger o corpo
contra as flechas envenenadas
que vêm de fora, mas é difícil
defender a mente dos dardos
envenenados que vêm de dentro.

— SHĀKYAMUNI

A aparente diferença entre as coisas só existe em nossa mente. Por exemplo, no céu não há distinção entre o leste e o oeste. As pessoas criam tais diferenciações e passam a tê-las como verdades. Fazemos o mesmo em nossa vida diária – estabelecemos distinções, tais como "nós" e "eles", que não existem, e passamos a acreditar nisso como algo verdadeiro.

Os meios pelos quais um fim é alcançado devem expressar o valor do próprio fim.

Ensinar
alguma coisa
a alguém
é como lubrificar
as rodas de
uma carroça pesada
para que elas possam
girar.

— NICHIREN

CONHEÇA OS 20 CLÁSSICOS
DA SEXTANTE

- *Muitas vidas, muitos mestres*, *Só o amor é real* e *Meditando com Brian Weiss*, de Brian Weiss
- *Conversando com os espíritos* e *Em busca da espiritualidade*, de James Van Praagh
- *A última grande lição*, de Mitch Albom
- *Enquanto o amor não vem*, de Iyanla Vanzant
- *A oração de São Francisco*, de Leonardo Boff
- *Por que os homens fazem sexo e as mulheres fazem amor?*, de Allan e Barbara Pease
- *Histórias para aquecer o coração*, de Mark Victor Hansen e Jack Canfield
- *100 segredos das pessoas felizes* e *100 segredos das pessoas de sucesso*, de David Niven
- *Aprendendo a gostar de si mesmo*, de Louise Hay
- *Um dia "daqueles"*, *Querida mamãe* e *O sentido da vida*, de Bradley Trevor Greive
- *Você é insubstituível* e *Dez leis para ser feliz*, de Augusto Cury
- *A vida é bela*, de Dominique Glocheux
- *Faça o que tem de ser feito*, de Bob Nelson

003

Informações sobre os Próximos Lançamentos

Para receber informações sobre os próximos lançamentos da Editora Sextante, queira entrar em contato com nossa Central de Atendimento, dando seu nome, endereço e telefone para:

Editora Sextante
Rua Voluntários da Pátria, 45 – Gr. 1.404 – Botafogo
22270-000 – Rio de Janeiro – RJ
Tel.: (21) 2286-9944 – Fax: (21) 2286-9244
DDG: 0800-22-6306 (ligação gratuita)
E-mail: atendimento@esextante.com.br

Para saber mais sobre nossos títulos e autores, e enviar seus comentários sobre este livro, visite o nosso site: www.sextante.com.br